LA LUTTE FRANÇAISE

LÉON VILLE

LA
LUTTE FRANÇAISE

Avec Préface

DE

PHILIPPE DARYL

PARIS

LIBRAIRIE MONDAINE

L. BRETON ET Cⁱᵉ, ÉDITEURS

9, Rue de Verneuil, 9

1891

PRÉFACE

A M. Léon Ville

*C'est une heureuse idée que vous avez eue,
Monsieur, de codifier les us et coutumes de la
Lutte française, en réduisant à un petit nombre d'articles précis les règles traditionnelles
de cet exercice. Un tel code manquait et c'était
grand dommage. De tous les desports virils que
nous a légués l'antiquité grecque, il n'en est
pas de plus académique et de plus pur que la
lutte à main-plate.*

*En vous constituant le législateur de ce jeu,
que vous avez deux fois raison d'appeler fran-*

çais, car il a toujours gardé chez nous ses plus vigoureux représentants, vous avez souscrit une obligation à laquelle, je le sais, vous êtes prêt à faire honneur, et pris en quelque sorte l'engagement de rendre à la Lutte la place qui lui revient dans nos salles d'armes, — entre l'escrime et la boxe.

Pour atteindre ce but, il n'y a pas deux chemins, il n'y en a qu'un : il faut que la Lutte cesse d'être le jeu grossier des fêtes foraines, pour redevenir un véritable sport, correct, élégant et courtois.

Trois vices graves la ravalent et la déshonorent présentement.

Le premier a son origine dans la bassesse du sentiment qui anime trop souvent les professionnels et leur fait rechercher la victoire à tout prix. Je veux parler de la brutalité que certains lutteurs mettent à jeter leur homme à terre, quand ils devraient toujours « l'accompagner » dans sa chute ; des pratiques atroces comme celle des fractures digitales ou des torsions de l'épaule volontairement infligées à

l'adversaire. On ne saurait trop flétrir des ex-
cès aussi répugnants.

- Un second vice moins odieux, mais tout aussi
fatal au bon renom de votre sport, est la
place abusive que prend trop souvent « la
lutte à terre » dans les exhibitions publi-
ques. Rien de moins probant, rien de moins
varié, rien de plus mortellement ennuyeux à
suivre.

Enfin, un troisième vice, qu'on peut bien appeler un vice de forme, fait également grand
tort à la Lutte : c'est l'obésité coutumière des
lutteurs, obésité si fréquente qu'elle est presque
une règle générale et que beaucoup de gens
en viennent à penser qu'elle est le résultat
obligé de cette gymnastique.

Il n'y a pas, au fond, de plus grande erreur.
Comme tous les exercices complets, la Lutte
développe normalement le système musculaire ;
elle ne favorise en rien l'hypertrophie des tis-
sus graisseux.

Et pourtant, le fait visible, patent, est que la
plupart des lutteurs de profession offrent au

spectateur le tableau hideux d'un corps sur-
chargé de graisse, quand ils devraient toujours
lui montrer des formes régulières, sinon sculp-
turales.

L'explication du phénomène ? Elle est très
simple : c'est que la plupart de ces hommes
ignorent les premiers principes de l'entraînement, et les dédaignent ; que, presque tous, ils
se gorgent de victuailles ou d'alcool et se con-
solent d'engraisser en se persuadant qu'ils offrent moins de prise à l'adversaire, ou gagnent
en poids mort ce qu'ils peuvent perdre en éner-
gie active.

Autant de préjugés monstrueux et qui tour-
nent au détriment général de la Lutte, en
même temps qu'au dommage personnel de ses
adeptes dégénérés.

La vérité est qu'un lutteur sérieux ne devrait
jamais paraître publiquement sans s'être mis
« en forme » par un entraînement normal ;
qu'à lui, comme à tout athlète, la sobriété s'im-
pose ; que là comme ailleurs, la véritable force
est absolument distincte du poids non muscu-

laire, — ou, pour mieux dire, est en raison inverse de ce poids.

A l'œuvre donc, Monsieur ; voilà les trois têtes
de l'hydre à combattre : la brutalité dans l'assaut ; l'abus de la lutte à terre ; la gloutonnerie
professionnelle, cause unique de l'obésité. Si
vous arrivez à les trancher, vous aurez rendu
sa noblesse originelle à un sport charmant entre tous, et les amis qu'il compte encore, en dé-
pit de sa décadence, vous diront deux fois
merci.

Paris, 21 Octobre 1891.

PHILIPPE DARYL

AVANT-PROPOS

Il y a quelques années, des hommes de cœur, soucieux de régénérer notre race, commencèrent bravement une croisade en faveur de l'éducation physique.

Ils eurent à lutter contre des gens pusillanimes, qui ne voyaient dans les exercices corporels, qu'un jeu brutal et dangereux.

Néanmoins, ils poursuivirent sans faiblir la tâche qu'ils s'étaient imposée, certains qu'en agissant ainsi ils préparaient des mil-

liers de jeunes gens à ce grand acte : LA DÉ-
FENSE DE LA PATRIE !

En effet, pour faire un bon soldat, il ne
suffit pas d'être un excellent tireur, il faut
aussi, en campagne, avoir les muscles suffi-
samment trempés pour supporter sans bron-
cher, les fatigues de toutes sortes et les pri-
vations.

Ces apôtres de la force physique doivent
éprouver aujourd'hui une satisfaction bien
légitime en voyant leurs efforts couronnés
d'un plein succès, car, de tous côtés les so-
ciétés d'exercices du corps se multiplient et
les salles d'armes sont fréquentées plus assi-
dûment que jamais.

Comme résultat, le nombre des exemptions,
dans les conseils de revision, diminue d'année en année, et une foule de jeunes gens
ont acquis, dans la pratique des sports ci-

vils, des muscles solides et une santé ro-
buste.

Pour que l'éducation physique rende tous
les services qu'on est en droit d'en attendre,
il faut une chose : la rendre gratuite, afin
qu'elle soit à la portée de toutes les classes,
car beaucoup d'ouvriers ne demanderaient
pas mieux que de *s'entraîner* à un exercice
qui, tout en étant pour eux une pratique
hygiénique, leur ferait délaisser les endroits
où, sous forme de plaisir, ils atrophient le
peu de force qui leur reste.

C'est cette lacune que j'ai voulu combler en
publiant une théorie de *la lutte française;*
car c'est le seul exercice qui soit à la portée
de tout le monde, puisqu'il est absolument
gratuit, ne nécessitant aucune fourniture.

La lutte a aussi l'avantage de développer
le corps d'une façon normale et régulière,

puisqu'elle met en jeu tous les muscles à la fois.

Les Anciens comprenaient si bien l'utilité de ce genre de sport, que, dans les arènes, à l'époque des jeux olympiques, ils décernaient les plus hautes récompenses aux vainqueur de la lutte.

La lutte n'est pas aussi délaissée qu'on pourrait le croire. Elle existe dans tous les pays, mais avec des principes différents.

Les plus connues sont celles-ci :

La lutte américaine, lutte disgracieuse, où l'on est toujours à genoux, et dont les coups sont excessivement dangereux.

La lutte écossaise, où les athlètes se tiennent à bras-le-corps et ont l'air de danser. Cette lutte ne comporte guère que trois ou quatre coups.

La lutte turque, où les lutteurs sont graissés d'huile, de la tête aux pieds, et dont la brutalité est le côté dominant.

La lutte grecque, appelée *lutte libre*, parce que tous les coups comptent; on peut même prendre les jambes.

. Enfin, la lutte française, appelée à tort : lutte *gréco-romaine ;* car les Grecs et les Romains ne connaissaient que les *coups de ceinture* et se passaient même le croc-en-jambe. On en a la preuve dans le vingt-troisième chant de l'Iliade, où se trouve la description de la lutte d'Ajax et Ulysse.

. Toutes les *prises* qui composent la lutte française ont été innovées par des athlètes français ; il est donc juste de lui donner le nom qui lui appartient.

La lutte française, dans toute sa pureté, s'harmonise admirablement avec notre caractère nerveux et hardi. La *garde* est sévère ;

les *prises* ont une attitude noble et fière, et aucun exercice ne met mieux en relief l'anatomie de l'homme.

L'entraînement à la lutte française donne la confiance en soi-même, et une certaine force morale qui tire son origine de l'habitude de regarder un homme en face et de lui résister.

Par exemple, si on veut prendre goût à la lutte, il ne faut pas aller contempler les comédies ridicules qui se jouent dans les arènes foraines, où tous les coups sont convenus d'avance, entre deux saltimbanques se roulant sur un tas de sciure. Il faut, au contraire, fuir ces endroits, où l'on ne peut prendre que des principes mauvais.

En lisant attentivement ce manuel, et en étudiant bien les vignettes qui représentent les prises de lutte, on peut être rapidement à même de lutter d'une façon sérieuse, car tous les coups sont décomposés par *temps*, ce qui les rend plus compréhensibles.

Les résultats qu'on obtiendra dédommageront amplement des fatigues et des ennuis des débuts ; surtout si l'on joint à cette pratique une grande sobriété, car c'est là le point essentiel, si l'on veut développer sa force.

Depuis quinze ans, je pratique, en amateur, ce sport si intéressant, et c'est ainsi que j'ai pu en approfondir les principes et les traditions, en même temps que j'en ai constaté les résultats bienfaisants.

La lutte, outre son côté hygiénique, est un merveilleux moyen de défense, ce qui n'est pas à dédaigner.

Mais surtout, dans un assaut, il faut se dire que la lutte n'est pas un combat, mais bien la première gymnastique du monde, et

2

ne jamais oublier que le mot *adversaire* ne veut pas dire *ennemi*.

Il n'y a pas de déshonneur à être *tombé*, et il y en a à faire courir volontairement un danger à son adversaire.

La lutte française doit être envisagée au point de vue du développement de la force musculaire, et on ne doit la pratiquer qu'en prenant pour devise:

VIS FACIT VIRUM.

CONSEILS POUR L'ENTRAINEMENT

LE COSTUME — RÉGIME A SUIVRE

PENDANT L'ASSAUT

COSTUME D'ASSAUT

Pour bien lutter, il est essentiel de n'être pas gêné dans les mouvements. Le corps doit avoir une entière liberté d'action.

Le maillot est parfait sous ce rapport, mais il donne un air saltimbanque qu'il faut éviter.

Le vêtement le plus propre à remplacer le maillot, c'est un pantalon de coutil, un peu ample, retenu à la taille par une ceinture en flanelle ou en cachemire.

La ceinture, devant faire trois ou quatre fois le tour de la taille, il ne faut pas la prendre trop large, afin d'éviter une trop grande épaisseur. Il ne faut jamais mettre de ceinture en cuir, d'abord, parce que la boucle peut blesser l'adversaire; ensuite, parce que le cuir ne se prête pas aux mouvements du corps.

La bottine doit être en peau très souple.

La semelle doit être épaisse et solide.

Le talon doit être bas et large, pour que le pied soit toujours d'aplomb.

Le torse doit être nu pour offrir moins de prise aux mains de l'adversaire.

Les ongles doivent être coupés au ras des doigts pour éviter les égratignures.

Les cheveux et la barbe doivent être le plus court possible.

RÉGIME A SUIVRE

Le point capital, c'est la sobriété. Les alcools, surtout, doivent être évités avec soin, car le surcroît de chaleur qu'ils donnent au sang peut provoquer une congestion.

Quant à la manière de se nourrir, on peut absorber tous les mets, à la condition de le faire avec modération.

Les personnes prédisposées à un épaississement graisseux devront éviter, autant que possible, les farineux, les sauces et les corps gras.

A chaque repas, une demi-bouteille de

vin, absorbée en plusieurs fois, constitue une quantité de liquide suffisante.

Après le repas, il est très bon de prendre une tasse de bon café noir.

Quand on doit faire assaut, il faut attendre que la digestion soit complètement terminée, c'est-à-dire, attendre qu'il y ait au moins deux heures qu'on soit sorti de table.

Pendant un assaut, si l'on prend du repos, il ne faut jamais boire, quel que soit le besoin qu'on en éprouve.

Après l'assaut, il faut attendre, pour boire, au moins un quart d'heure, et encore, est-il préférable d'absorber un liquide chaud; le meilleur, dans ce cas, c'est un grog léger.

Le régime, comme on voit, n'est pas difficile à suivre, mais encore est-il bon de l'observer.

Dès qu'on a fini un assaut, il ne faut pas

s'asseoir; il faut marcher lentement, de long en large, pour donner au sang et aux muscles le temps de se calmer.

Tout en marchant, il faut se faire des frictions sur le torse avec une serviette passée en sautoir, et dont on tire les deux bouts alternativement.

Si l'installation le permet, on peut, dès que la respiration a repris son fonctionnement régulier, prendre une douche froide, après quoi on se fait une nouvelle friction.

PENDANT L'ASSAUT

Un assaut de lutte peut durer longtemps; de plus, l'adversaire ayant le droit de refuser le repos, il est essentiel de se prémunir contre le manque de souffle, car, souvent, un lutteur est *tombé*, non par suite d'un coup bien porté, mais par la suffocation.

Il est donc indispensable d'être calme et de ne pas se presser.

On doit éviter les *prises* avec tact et à propos, mais sans précipitation. Ce n'est que pour porter un coup et l'exécuter qu'il faut agir vite et vigoureusement.

Si le coup est manqué, il faut revenir vivement en garde et attendre une autre occasion,
en se tenant sur la défensive. En luttant, il
faut éviter d'avoir la bouche ouverte; d'abord,
parce que la langue pourrait être prise entre les dents; ensuite, parce que, en aspirant
l'air par la bouche, l'absorption est trop
grande, et les poumons se trouvent bientôt
surchargés, ce qui provoque un essouffle-
ment.

On doit aspirer par le nez. Je l'ai dit et je
le répète : dans un assaut une longue haleine
est indispensable.

S'il a été convenu qu'il y aura du repos, il
ne faut pas, pendant l'arrêt, s'asseoir ou s'ar-
rêter; il faut, au contraire, marcher conti-
nuellement, mais à pas lents, en se friction-
nant, comme après l'assaut.

Quand on lutte avec un adversaire gros ou

d'un poids supérieur, il ne faut pas se fatiguer à lui porter des coups de *ceinture*, qui n'auraient pas de chance de réussir; il faut, au contraire, ne porter que des coups *terre à terre*, tels que : le *bras roulé*, le *tour de bras*, le *tour de hanche en tête* ou le *bras roulé en dessous*, car ces coups s'exécutent par un déplacement; ce qui évite d'être obligé d'enlever l'adversaire.

THÉORIE

DE LA

LUTTE FRANÇAISE

THÉORIE

DE LA

LUTTE FRANÇAISE

——

RÈGLEMENT

ARTICLE 1ᵉʳ. — On ne doit jamais employer les ongles ni porter aucun coup la main fermée ; mais quand on tient une prise, quel que soit le danger pour l'adversaire, si le coup est régulier, on a le droit de serrer et de ne pas lâcher.

ART. 2. — Le collier de force en avant est sévèrement défendu, et dans aucun cas on ne doit l'employer.

3

ART. 3. — On ne doit porter les coups que de la tête à la ceinture.

ART. 4. — Convenir, avant de commencer la lutte, si on peut lutter à genoux, ou après combien de minutes on devra se relever.

ART. 5. — Pour qu'un homme soit tombé, il faut que les deux épaules marquent un temps d'arrêt sur le tapis.

ART. 6. — Au moment de commencer une lutte, les deux adversaires doivent faire le *salut* avant de se mettre en garde.

ART. 7. — Si l'adversaire demande du repos pendant la lutte, on a le droit de s'y opposer.

PRÉCIS ICONOGRAPHIQUE

DE LA

LUTTE FRANÇAISE

LE PONT

C'est dans le *pont* que réside en grande partie, chez les lutteurs, la supériorité des professionnels sur les amateurs; car ils ont plusieurs fois par jour l'occasion de *s'entraî-ner* à cette souplesse qui consiste, lorsqu'on fait la culbute, à cambrer les reins de manière que le corps ne repose que sur la tête et les talons.

LE SALUT

Les deux adversaires se placent à quelques pas et, marchant l'un sur l'autre en obliquant un peu à gauche, se serrent la main en passant, font encore chacun un pas, puis, se retournant, ils tombent en garde.

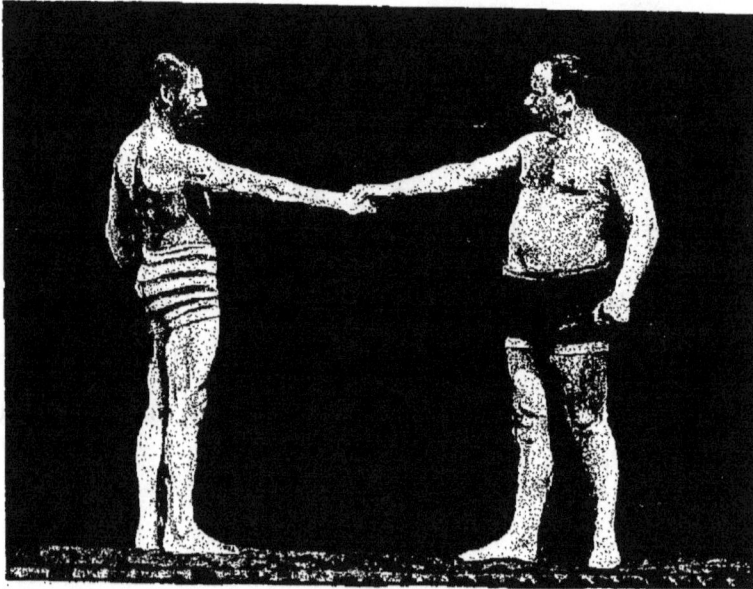

EN GARDE

On se met en garde les jambes écartées et d'aplomb, le pied gauche en avant.

Tenir les bras à demi allongés, le haut presque collé au corps.

Pencher un peu le buste en avant.

LA CEINTURE DE DEVANT

1er *Temps*

Jeter les bras autour de la ceinture de l'adversaire de manière à avoir la figure à hauteur de sa poitrine.

LA CEINTURE DE DEVANT

2ª Temps

L'enlever rapidement en se redressant le plus possible.

LA CEINTURE DE DEVANT

3ᵉ Temps

Faire, avec le haut du corps, un mouvement de droite à gauche et se jeter à terre en pivotant un peu, sans lâcher la prise.

PARADE DE LA CEINTURE
DE DEVANT

1er Temps

Porter l'avant-bras gauche sous le menton de l'adversaire en appuyant sur la gorge et saisir le poignet gauche avec la main droite.

PARADE DE LA CEINTURE DE DEVANT

2° Temps

Faire, avec le pied droit, un pas en arrière, cambrer les reins et pousser fortement avec les bras.

La *ceinture de devant* ne peut être portée avec succès que si l'adversaire est debout; s'il est penché en avant, il ne faut jamais l'essayer, car il est rare qu'on réussisse.

En ceinturant l'adversaire, si l'on peut lui emprisonner les bras, la parade est impossible.

LA CEINTURE DE DERRIÈRE

1er *Temps*

Ceinturer l'adversaire solidement.

LA CEINTURE DE DERRIÈRE

2ᵉ Temps

L'enlever, maintenir la ceinture avec le bras gauche, passer le bras droit sous le bras droit et ramener la main derrière la tête.

LA CEINTURE DE DERRIÈRE

3e Temps

Faire, avec le haut du corps, un mouvement de droite à gauche et se jeter à terre sur le côté gauche en retirant le bras gauche et en maintenant la main droite dans la même position.

1re PARADE DE LA CEINTURE DE DERRIÈRE

Dès qu'on est ceinturé : faire, avec le pied droit un pas en avant, baisser le haut du corps et repousser les bras de l'adversaire en plaçant les mains au-dessus des coudes.

2me PARADE DE LA CEINTURE DE DERRIÈRE

Si l'adversaire, en ceinturant, serre trop pour qu'on puisse faire un pas en avant, on lui saisit les poignets et, rejetant le buste en arrière, on s'affaisse en se faisant le plus lourd possible et en raidissant les bras.

3me PARADE DE LA CEINTURE DE DERRIÈRE

Si l'on n'est pas arrivé à temps pour les deux premières parades, dès qu'on est enlevé, avant que l'adversaire ait eu le temps de passer la main derrière la tête, on lui ceinture les bras au-dessus des coudes en serrant le plus possible.

La *ceinture de derrière* se porte souvent; mais, comme l'adversaire se présente rarement de dos, il faut le faire pivoter et en même temps faire un pas en sens inverse.

La ceinture de derrière peut servir de riposte au *bras roulé* et au *tour de hanche en tête* quand ces coups sont mal portés.

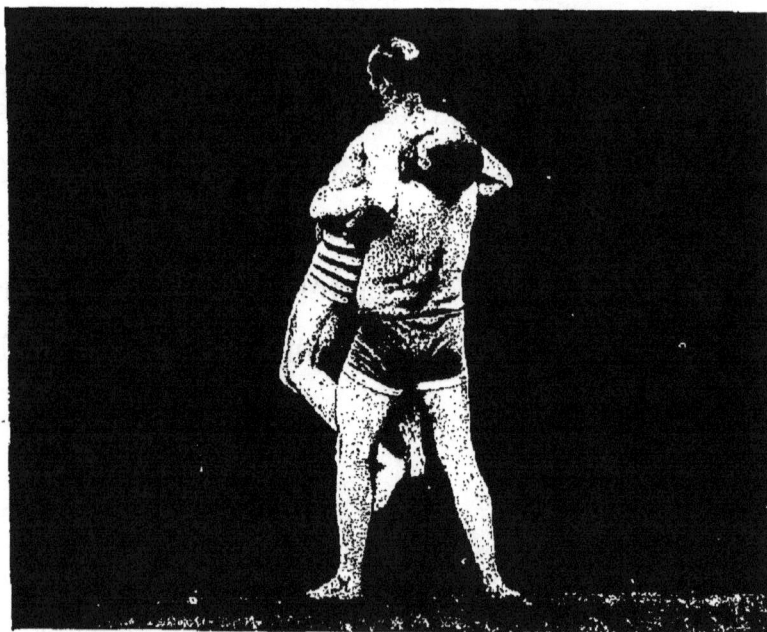

LA CEINTURE A REBOURS

1er Temps

Ceinturer l'adversaire en se plaçant à rebours.

LA CEINTURE A REBOURS

2ᵉ Temps

Le charger sur l'épaule droite.

LA CEINTURE A REBOURS

3ᵉ Temps

Mettre le genou gauche à terre et laisser glisser l'adversaire sur le genou droit.

LA CEINTURE A REBOURS

4º Temps

Ramener le bras droit sur la poitrine et passer le bras gauche sous le dos, rapidement.

LA CEINTURE A REBOURS

5° *Temps*

Maintenir la ceinture, retirer le genou droit et se jeter à terre, sur la poitrine de l'adversaire sans lâcher la ceinture.

La *ceinture à rebours* ne peut être parée qu'en saisissant les poignets de l'adversaire et en les serrant contre soi.

Pour bien réussir ce coup, il ne faut jamais le porter sur un adversaire plus lourd, car on doit l'enlever rapidement.

LE TOUR DE TÊTE

1ᵉʳ *Temps*

Jeter les bras autour de la tête de l'adversaire, le bras droit sur la nuque et le bras gauche sous le menton, et serrer fortement.

LE TOUR DE TÊTE

2e Temps

Tourner le dos rapidement et se jeter à genoux.

LE TOUR DE TÊTE

3ᵉ Temps

Baisser brusquement le buste en avant, la tête presque à terre, de manière à faire faire la culbute à l'adversaire, sans lâcher la prise.

PARADES DU TOUR DE TÊTE

1re Parade

Au moment où l'adversaire se jette à genoux, faire un pas en avant avec le pied gauche et se laisser tomber sur le genou droit.

2me PARADE DU TOUR DE TÊTE

1er Temps

Si on n'arrive pas à temps pour la première parade et qu'on soit *embarqué*, il faut faire la culbute sans résistance, en cambrant les reins, afin de tomber en *pont*.

2me PARADE DU TOUR DE TÊTE

2° Temps

A peine les pieds ont-ils touché terre, qu'il faut se retourner vivement sur le ventre.

Quand on jette les bras autour de la tête de l'adversaire, si ce dernier se déplace, le coup est généralement interrompu ; dans ce cas, on peut serrer pendant quelques secondes, ce qui démoralise un peu l'adversaire et permet de réfléchir au coup qu'on portera ensuite.

Cette pression s'appelle : une *cravate*.

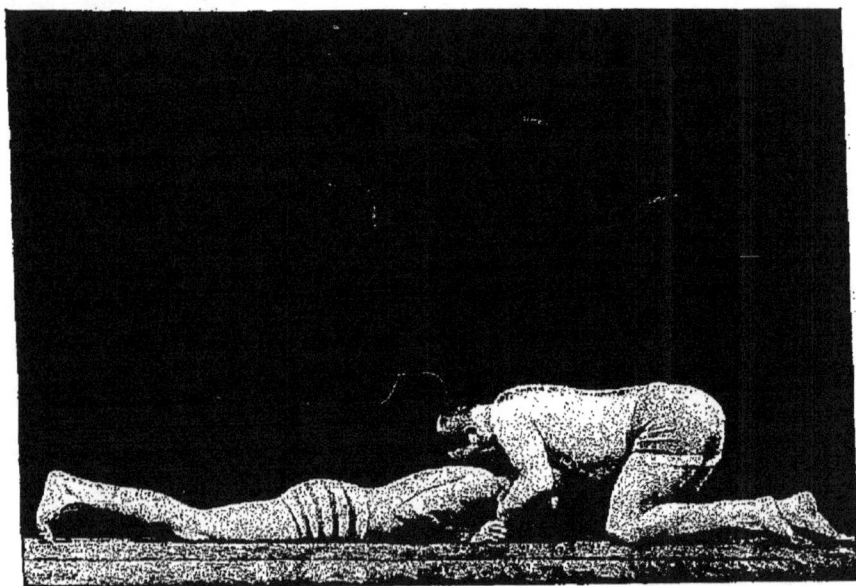

LE TOUR DE HANCHE EN TÊTE

1ᵉʳ Temps

Tourner le dos à l'adversaire en lui passant le bras droit autour de la tête et en lui saisissant, avec la main gauche, le bras droit au dessous du coude.

LE TOUR DE HANCHE EN TÊTE.

2e Temps

Baisser le haut du corps et se jeter à terre en pivotant à gauche, sans lâcher la prise.

PARADE DU TOUR DE HANCHE EN TÊTE

Au moment où l'adversaire passe le bras derrière la tête, le ceinturer sur le côté, l'enlever, et se jeter à terre sur le côté gauche, sans lâcher la prise.

Cette parade s'appelle : une *ceinture de côté ;* de sorte qu'elle est à la fois une parade et une riposte.

Le *tour de hanche en tête* ne se porte que quand l'adversaire a le haut du corps penché. Si l'adversaire, au moment où on porte le coup, retire la tête, on termine alors par un *bras roulé* à droite.

LE TOUR DE BRAS

1er *Temps*

Saisir, avec la main droite, le bras gauche de l'adversaire et le serrer contre la poitrine.

LE TOUR DE BRAS

2ᵉ *Temps*

Placer la main gauche sous le bras, au des-
sus du coude et tourner le dos, l'épaule gauche sous l'aisselle de l'adversaire.

LE TOUR DE BRAS

3º Temps

Se jeter à genoux en maintenant solidement la prise.

7

PARADE DU TOUR DE BRAS

Faire, avec le pied gauche, un pas en avant à gauche de l'adversaire, et se laisser tomber sur le genou droit.

Le *tour de bras* étant toujours porté vivement, ce n'est que lorsque l'adversaire se jette à terre qu'on peut arriver à la parade.

LE TOUR DE BRAS

4° Temps

Baisser le haut du corps en roulant sur le côté gauche, sans lâcher le bras.

LE BRAS ROULÉ

Saisir, avec la main droite, le coude gauche de l'adversaire, lui tourner le dos et emprisonner solidement le haut du bras sous le bras gauche ; puis, se jeter à terre comme pour le *tour de bras*.

PARADE DU BRAS ROULÉ

Faire, avec le pied gauche, un pas en avant, à côté de l'adversaire, et se jeter sur le genou droit, comme pour le *tour de bras*.

Le *bras roulé* est la meilleure riposte pour la *ceinture de derrière*.

LE BRAS ROULÉ A TERRE

1er Temps

Se glisser sous l'adversaire, de manière à se faire ceinturer à rebours ; ensuite lui ceinturer les bras solidement.

LE BRAS ROULÉ A TERRE

2ᵉ Temps

Donner un vigoureux coup de reins pour se retourner, sans lâcher les bras.

Ce coup ne peut être paré qu'en dégageant vivement les bras et en lâchant l'adversaire.

LE BRAS ROULÉ EN DESSOUS

1er Temps

Saisir, avec la main droite, le poignet gauche de l'adversaire et placer la tête sous l'aisselle gauche ; en même temps, saisir avec la main gauche le poignet droit qu'on ramène sous la poitrine en le maintenant solidement.

LE BRAS ROULÉ EN DESSOUS

2ᵉ Temps

Se laisser tomber en arrière, sans lâcher la prise.

Le bras roulé en dessous ne peut être évité qu'en se jetant de côté et en retirant les bras.

LE TOUR DE HANCHE A TERRE

1er Temps

Quand on est à terre et qu'on a l'adversaire derrière soi, lui passer une *cravate* avec un bras en serrant solidement.

LE TOUR DE HANCHE A TERRE

2e Temps

Se retourner sur le dos, sans lâcher la prise.

PARADE DU TOUR DE HANCHE
A TERRE

Aussitôt qu'on sent la *cravate*, dégager la tête en se rejetant en arrière.

Si on ne réussit pas à se dégager, faire la culbute et *tomber en pont*, en repoussant le bras de l'adversaire.

Si on réussit à se dégager, se retourner sur le ventre vivement.

Pour porter le *tour de hanche à terre*, il faut choisir le moment où on a l'adversaire un peu de côté.

LE COLLIER DE FORCE
EN AVANT

Passer le bras gauche autour du cou de l'adversaire, appuyer la main droite sur l'épaule gauche, saisir ce poignet avec la main gauche et serrer fortement. Plus on lève le bras droit, plus la pression est forte, car, dans cette position, le bras droit fait levier.

Le collier de force en avant n'a pas de parade et ne doit jamais être employé dans un assaut, il n'est indiqué ici que comme un moyen de défense en cas d'attaque.

Depuis longtemps, ce coup est interdit dans la lutte.

LE TOUR D'ÉPAULE

Saisir avec la main gauche le poignet droit de l'adversaire et le ramener à soi, en même temps, passer le bras droit sous le bras gauche de l'adversaire, ramener la main sur l'épaule et enlever vivement en tirant le bras droit.

Ce coup ne doit être porté que sur un adversaire plus léger, et exécuté très rapidement.

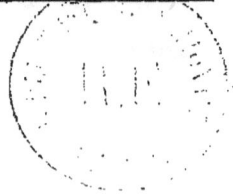

TABLE DES MATIÈRES

www.ingramcontent.com/pod-product-compliance
Lightning Source LLC
Chambersburg PA
CBHW070945100426

42738CB00010BA/2335